1 いつものすみっコシール①

2 いつものすみっコシール②

3 しろくま&ぺんぎん?&とんかつシール

4 ねこ&とかげ&みにっコシール

5 のこさずたべてねすみっコべんとうシール①

6 のこさずたべてねすみっコべんとうシール②

7 しろくまのともだちシール

8 おへやのすみでたびきぶんシール①

Sumikko gurashi
oheya no sumi de tabi kibun.
doki doki
BUS

9 おへやのすみでたびきぶんシール②

WEST
EAST

Shirokuma
3,35 S
Penguin?
3,35 S
3,35 S
Neko
&
Zasso
Tonkatsu
3,35 S
Tokage
3,35 S
3,35 S
3,35 S
3,35 S

10 おへやのすみでたびきぶんシール③

11 おへやのすみでたびきぶんシール④

12 とかげのおうちにあそびにいきましたシール①

13 とかげのおうちにあそびにいきましたシール②

14 とかげのおうちにあそびにいきましたシール③

シールはとかげのおうちにあそびにいきましたカードに貼って楽しむことができます。

15 きせつのシール

16 インデックス&ポップアップシール

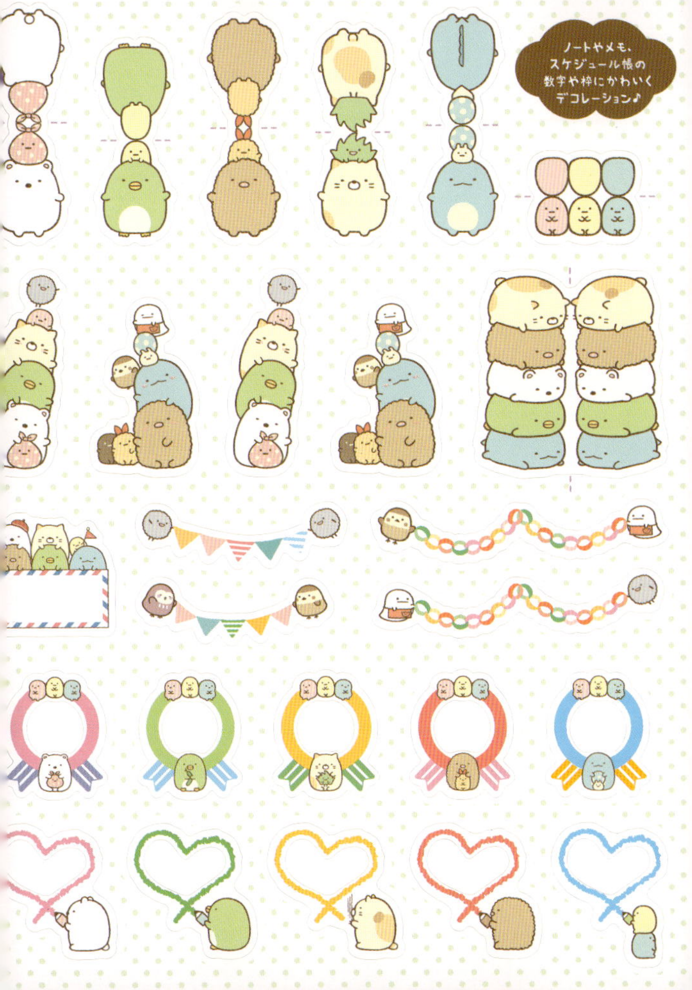
ノートやメモ、
スケジュール帳の
数字や枠にかわいく
デコレーション♪

すみっコぐらし™

ここがおちつくんです

Sumikkogurashi™
Tokage no ochi ni asobi ni ikimashita.
Minna issho ni mori no naka de asobimashita.